Como promover o livro dos seus filhos.

COMO PROMOVER O LIVRO DOS SEUS FILHOS

Série "Como promover"
Por: D.K. Hawkins
Versão 1.1 ~Novembro 2022
Publicado por D.K. Hawkins no KDP
Copyright ©2022 por D.K. Hawkins. Todos os direitos reservados.

Nenhuma parte desta publicação pode ser reproduzida, distribuída ou transmitida sob qualquer forma ou por qualquer meio, incluindo fotocópia, gravação ou outros métodos electrónicos ou mecânicos, ou por qualquer sistema de armazenamento ou recuperação de informação sem a prévia autorização escrita dos editores, excepto no caso de citações muito breves incorporadas em revisões críticas e certos outros usos não comerciais permitidos pela lei de direitos de autor.

Todos os direitos reservados, incluindo o direito de reprodução no todo ou em parte, sob qualquer forma.

Todas as informações contidas neste livro foram cuidadosamente pesquisadas e verificadas quanto à sua exactidão factual. Contudo, o autor e a editora não dão qualquer garantia, expressa ou implícita, de que a informação aqui contida é apropriada para cada indivíduo, situação ou finalidade e não assumem qualquer responsabilidade por erros ou omissões.

O leitor assume o risco e total responsabilidade por todas as acções. O autor não será considerado responsável por qualquer perda ou dano, seja consequente, incidental, especial ou não, que possa resultar da informação apresentada neste livro.

Todas as imagens são gratuitas para utilização ou adquiridas em sítios de fotografia de stock ou livres de royalties para utilização comercial. Confiei nas minhas próprias observações bem como em muitas fontes diferentes para este livro, e fiz o meu melhor para verificar os factos e dar crédito onde ele é devido. No caso de qualquer material ser utilizado sem a devida permissão, por favor contacte-me para que a omissão possa ser corrigida.

A informação fornecida neste livro é apenas para fins informativos e não pretende ser uma fonte de aconselhamento ou análise de crédito no que respeita ao material apresentado. As informações e/ou documentos contidos neste livro não constituem aconselhamento jurídico ou financeiro e nunca devem ser utilizados sem primeiro consultar um profissional financeiro para determinar o que pode ser melhor para as suas necessidades individuais.

A editora e o autor não fazem qualquer garantia ou outra promessa quanto a quaisquer resultados que possam ser obtidos com a utilização do conteúdo deste livro. Nunca deverá tomar qualquer decisão de investimento sem primeiro consultar o seu próprio consultor financeiro e realizar as suas próprias pesquisas e diligências. Na medida máxima permitida por lei, a editora e o autor declaram toda e qualquer responsabilidade no caso de quaisquer informações, comentários, análises, opiniões, conselhos e/ou recomendações contidas neste livro se revelarem inexactas, incompletas, ou não fiáveis ou resultarem em qualquer investimento ou outras perdas.

O conteúdo contido ou disponibilizado através deste livro não se destina e não constitui aconselhamento jurídico ou de Investimento, o não é formada qualquer relação advogado-cliente. A editora e o autor fornecem este livro e o seu conteúdo numa base de "tal como está". A sua utilização das informações contidas neste livro é por sua conta e risco.

ÍNDICE.

Como promover o livro dos seus filhos. 0

ÍNDICE. 3

INTRODUÇÃO. 5

CAPÍTULO 1: ESCREVER LIVROS PARA CRIANÇAS. 9

CAPÍTULO 2: EXCELENTES MÉTODOS PROMOCIONAIS DEPOIS DE ESCREVER O SEU PRIMEIRO LIVRO PARA CRIANÇAS PEQUENAS. 17

CAPÍTULO 3: AUMENTAR A VISIBILIDADE DO LIVRO INFANTIL ATRAVÉS DAS APARIÇÕES DOS AUTORES. 22

CAPÍTULO 4: RESENHAS DE LIVROS COMO A SUA FERRAMENTA PROMOCIONAL MAIS EFICAZ. 27

CAPÍTULO 5: UTILIZANDO IMAGENS DO SEU LIVRO PARA PROMOÇÃO. 33

CAPÍTULO 6: COMO PROMOVER O LIVRO ELECTRÓNICO DOS SEUS FILHOS ATRAVÉS DE COMPROMISSOS DE ORATÓRIA. 41

CAPÍTULO 7: COMO CONSTRUIR A SUA PLATAFORMA DE AUTOR PARA MELHORAR A PROMOÇÃO DO LIVRO INFANTIL. 46

CAPÍTULO 8: PORQUE ALGUNS AUTORES NUNCA SÃO BEM SUCEDIDOS COMO AUTORES DE CRIANÇAS. 54

CAPÍTULO 9: SUBMISSÕES A CONTRATO PARA COMERCIALIZAÇÃO DE LIVROS À PROFISSÃO DE ESCRITORA. ..60

CAPÍTULO 10: MARKETING DE LIVROS EM LINHA. 67

CAPÍTULO 11: ASSEGURAR-SE DE QUE TEM UMA CAPA DE LIVRO NOTÁVEL. 73

CAPÍTULO 12: SUGESTÕES PARA ENCONTRAR EDITORAS DE LIVROS INFANTIS. 77

CAPÍTULO 13: ESCREVER PARA OS FILHOS E CONQUISTAR OS PAIS. 81

CAPÍTULO 14: AUMENTAR A VISIBILIDADE DO SEU LIVRO INFANTIL AUTO-PUBLICADO. 85

CAPÍTULO 15: TORNAR O LIVRO DOS SEUS FILHOS UM BEST-SELLER. 89

CAPÍTULO 16: UTILIZAÇÃO DE CABEÇAS DE BOBBLE FEITAS À MEDIDA PARA PROMOÇÃO. 94

CAPÍTULO 17: CONSIDERAÇÕES A FAZER ANTES DA PUBLICAÇÃO DE UM LIVRO ELECTRÓNICO PARA CRIANÇAS. 99

CAPÍTULO 18: DICAS DE MARKETING DE LIVROS QUE O AJUDARÃO A VENDER MAIS EXEMPLARES. 103

CAPÍTULO 19: ERROS DE PROMOÇÃO DE LIVROS A EVITAR. 107

CAPÍTULO 20: PROMOVER O SEU LIVRO NO SEU BAIRRO. 114

CONCLUSÃO. 118

INTRODUÇÃO.

Para muitos escritores e autores, escrever e publicar um livro infantil é uma ambição para toda a vida. Infelizmente, a maioria dos excelentes escritores não conhece nem compreende as medidas a tomar para iniciar o processo de se tornar conhecido e publicado, o que lhes dificulta a realização do seu sonho.

Precisa de uma agência, um ilustrador, um assistente, um consultor, ou de serviços de marketing de livros?

Sabe a que editoras infantis deve enviar primeiro o seu trabalho para obter o maior lucro e a melhor taxa de aceitação?

Já determinou o tipo de Livro Infantil que pretende escrever?

A indústria editorial para crianças pode ser difícil de navegar para os desinformados, mas é simples para aqueles com conhecimentos. Escrever e introduzir o seu trabalho no mercado é canja para aqueles com experiência.

Pode ter o próximo livro infantil mais vendido, mas se não souber como expô-lo ao mercado, continuará a bater nas paredes, tal como a maioria dos autores infantis que, tragicamente, não passam da fase inicial do processo de publicação.

Encontrar um indivíduo de confiança para explicar como toda a indústria funciona será difícil. Os consultores podem ser dispendiosos e experientes, e as conhecidas editoras de livros infantis raramente divulgam os seus segredos comerciais a outras editoras de livros infantis. Afinal de contas, porque se colocariam eles próprios numa situação em que poderiam perder a fama e o rendimento do seu livro?

Sim, centenas de publicações sobre como escrever, promover e publicar um livro infantil, mas a maioria não torna o processo editorial simples de compreender. Se seguir a maioria dos cursos de edição de livros infantis, descobrirá que eles são ineficientes e podem custar-lhe muito tempo.

Uma fórmula para o piloto automático que nenhum outro manual da Editora de Livros Infantis pode igualar. Nenhum autor deseja percorrer centenas de páginas de estratégias e conceitos de Publicação Infantil de Livros. Para ser bem sucedido nesta indústria do livro infantil, é preciso ir directo ao assunto e fazer as coisas.

A educação é essencial quer queira escrever, vender, anunciar ou publicar um Livro Infantil, quer seja um livro ilustrado ou um livro padrão. Centenas de milhares de escritores passam despercebidos todos os anos, e muitos Livros Infantis sem preço são arquivados ou nunca vendidos a uma editora, devido à falta de conhecimentos comerciais. Não esteja nesta posição!

Deve aprender a visar o seu grupo etário, gerar ideias de contos, desenvolver as suas personagens, desenhar um arco de histórias, introduzir as suas personagens com descrições das suas características físicas e de personalidade, estabelecer um problema ou conflito, e preparar o palco para o clímax.

O desenvolvimento de personagens, enredos, conflitos e resolução, e capacidades de marketing e publicação são necessários para ser um autor infantil de sucesso. Este GUIA explora estratégias eficazes para promover os livros infantis e tornar-se autores de sucesso.

Vamos começar.

CAPÍTULO 1: ESCREVER LIVROS PARA CRIANÇAS.

Como adultos, todos nós recordamos os livros que lemos avidamente quando crianças. Lembro-me da alegria que senti todas as sextas-feiras quando vinha a correr da escola para casa, sabendo que a minha avó teria o próximo romance de Roald Dahl à minha espera. The Twits e The BFG são contos que nunca vou esquecer. Como tenho a certeza, serão de muitas outras crianças dos anos 80.

À luz disto, incomoda-me quando as pessoas implicam que criar um livro infantil é uma simples alternativa ou um trampolim para escrever um romance para adultos. Ao produzir um livro infantil, é necessária muita consideração, especialmente tendo em conta o quanto os jovens são susceptíveis a influências externas.

É importante compreender o impacto que a escrita do livro e os seus temas teriam na criança. A escrita de um romance para crianças é mais restrita do que a escrita para adultos.

O tema, terminologia e extensão devem ser cuidadosamente considerados. Uma criança é impressionável e investigará as perspectivas e ideias dos livros, o que irá invariavelmente influenciar as suas próprias vidas. A linguagem e o vocabulário da criança terão impacto na sua inteligência e escolaridade. Assim, isto também deve ser devidamente avaliado.

Por esta razão, escrever um livro infantil é extremamente difícil e requer uma investigação demorada. Assim, se o tema, vocabulário e duração seguirem as orientações dos pais e da educação, é tempo de se envolver e de se ligar ao público a que se destina: a criança.

Em determinadas circunstâncias, um jovem pode ser o pior crítico de um adulto. Com a sua ingenuidade, têm a certeza de exibir sinceridade e sentimento genuíno na forma mais pura quando lêem o seu trabalho. Eles ainda não aprenderam a capacidade de comunicar criticas construtivas educadamente; em vez disso, falam do coração como se sentem em forma.

Entrar no campo da escrita para crianças é frequentemente uma tarefa ridicularizada e intrusiva. Por isso, é preciso, antes de mais nada, fazer investigação. O seu livro será avaliado pelos adultos que exploram o desenvolvimento infantil através da literatura, incluindo pais, professores, o governo e editoras. Os leitores individuais irão avaliar o seu romance.

Só então poderá libertar o seu talento de escrita criativa. O mundo da escrita de livros infantis pode ser difícil, mas será um ofício gratificante quando o conseguir, e crianças de todo o mundo lerão e adorarão o seu livro incrivelmente inventivo.

Escrever um livro infantil requer uma imaginação vívida, inventividade com palavras e zelo. O elemento mais essencial é a capacidade de perceber através dos olhos de um jovem. Por conseguinte, é necessário realizar um estudo prévio.

Criar material divertido para um jovem precisa de uma perspectiva inovadora e curiosa sobre o mundo. Para que uma criança esteja plenamente empenhada, entusiasmada e interessada no seu livro, este deve ser-lhe relatável.

Em que é que as crianças de hoje estão interessadas?

Quais são os seus gostos e antipatias?

Que palavras utilizam para comunicar uns com os outros?

Que livros lêem?

Com que brinquedos brincam?

De que canções gostam?

Que roupas vestem?

Que revistas compram?

De que é que têm medo? E o que os excita?

A partir disto, poderá determinar o tipo de escrita que atingirá efectivamente o seu público alvo e tornará o seu livro famoso.

Depois de pesquisar e investigar exaustivamente as preferências das crianças, poderá avançar para o enredo. Esta secção necessita do uso do seu talento, energia e engenho.

Esta é a consideração mais crucial. Deve determinar o tipo de livro que deseja escrever, as questões que deseja explorar, as mensagens que deseja transmitir, e o resultado desejado. Muitos autores favorecem o desenvolvimento dos seus livros através de workshops participativos, e se se tratar de um conceito empresarial, podem seguir-se bens e sequelas.

Por conseguinte, tudo isto terá de ser determinado durante a criação da narrativa.

Assegure-se de que a sua decisão é consistente com a pesquisa que conduziu. Inclua mesmo referências a romances que tenha apreciado quando criança e literatura actual. Ao escrever a sua história, é crucial lembrar que as crianças têm uma menor capacidade de atenção e menor concentração do que os adultos.

Como escritor, é essencial manter a literatura como uma forma actual de entretenimento a par da Xbox e da PlayStation. Por conseguinte, uma história deve ser básica e directa para captar a sua atenção imediatamente. Finalmente, deve ser relevante, divertida, e agradável.

A linguagem e o vocabulário utilizados na literatura infantil são também essenciais para o desenvolvimento da sua inteligência e concentração. É benéfico aumentar o vocabulário através da leitura, mas se um jovem não conseguir ler as palavras, perderá o interesse e a concentração. Evitar frases complexas que uma criança não consegue compreender é vantajoso.

De acordo com a investigação, um jovem não valoriza mais do que algumas palavras por frase. Este é um conselho significativo para um escritor novato, pois é simples arriscar-se a embelezar e elaborar textos devido à experiência de escrita prévia.

Um livro deve inspirar um desenvolvimento intelectual, pessoal e emocional construtivo; por conseguinte, não deve conter calão, má linguagem, ou tópicos impróprios. A escrita deve ser da mais alta qualidade e padrão apropriado para a faixa etária, e deve inspirar os jovens leitores a apreciarem a sua linguagem e o desejo de ler mais.

Os temas que escolhe incorporar na narrativa são cruciais e bastante diversificados. Um livro pode efectivamente encorajar as crianças a abraçar e implementar afirmações positivas nas suas próprias vidas. Desde que o conto tenha um final feliz, o livro irá afectar positivamente a perspectiva de vida de uma criança. Demasiadas influências negativas estão a afectar a sua vida à medida que envelhecem.

Uma criança irá amar os seus personagens vivendo felizes para sempre, encorajando-os a enfrentar os seus desafios com optimismo. As personagens devem ter atributos positivos, tais como coragem, humor e honestidade, que as crianças possam imitar.

A literatura é útil para inspirar crianças positivas e saudáveis e para lhes proporcionar fuga e prazer. Isto, juntamente com os elementos acima mencionados, é necessário para escrever um livro infantil de sucesso. Desde que se estabeleça um mundo brilhante, feliz e colorido e que os temas sejam significativos para um jovem, estou confiante que será apreciado.

Encorajo entusiasticamente todos aqueles que lêem isto e que acreditam poder escrever um livro infantil a fazê-lo. Precisamos de tantos autores infantis influentes a publicar activamente para manter viva esta forma de inspiração e desenvolvimento infantil.

CAPÍTULO 2: EXCELENTES MÉTODOS PROMOCIONAIS DEPOIS DE ESCREVER O SEU PRIMEIRO LIVRO PARA CRIANÇAS PEQUENAS.

Os livros infantis são um género que a publicação electrónica nunca suplantará totalmente. O acender nunca poderá competir com a natureza táctil dos livros infantis populares.

A maioria dos livros contém páginas espessas e duráveis, materiais dentro ou sobre as páginas, e imagens pop-out; alguns são à prova de água. Estes livros são muito caros de produzir, e a categoria é extremamente competitiva, por isso, se for o primeiro autor de livros para crianças muito pequenas, deve ter sempre em mente o marketing.

Utilize Folhetos Tácteis para Promover os Seus Livros.

Uma amostra da sua escrita é a ferramenta promocional mais eficaz para um livro. Deve ser particularmente inventivo ao produzir brochuras com um pequeno excerto do seu trabalho para distribuição a editoras e leitores.

Se trabalhar em rede eficazmente, brochuras interessantes ajudarão na promoção do seu livro. Uma vez que está a vender a pais de crianças pequenas, a sua brochura deve ser verdadeiramente impressionante.

Experimente a concepção da brochura e pergunte a uma empresa de impressão local ou online se podem acrescentar algo apelativo, como papel de alumínio ou um revestimento espelhado, à página. Se seleccionar um exemplo de escrita relacionada com isto, as crianças irão gostar da brochura quando esta for apresentada.

Os autocolantes são sempre populares entre as crianças.

Enquanto que os favoritos contendo uma amostra da sua escrita funcionariam bem com um livro para adultos, a promoção de um livro para crianças pequenas precisa de um pouco mais de criatividade. Um negócio de impressão pode ajudá-lo na concepção de marcadores com autocolantes ou autocolantes que podem ser inseridos em livros ou panfletos.

Os autocolantes que promovem os seus livros serão mais eficazes se apresentarem um desenho marcante com o título do seu livro e gráficos vívidos. Os pais são mais propensos a avaliar favoravelmente romances em que os seus filhos tenham demonstrado interesse.

Distintivos para se destacar.

Ao visitar editoras ou encontrar-se com os pais em convenções ou feiras de livros, ter crachás de botão produzidos será de grande ajuda. As pessoas serão seduzidas a explorar a sua brochura através de botões que retratam uma personagem do seu romance. Há uma preocupação de segurança em fornecer botões a crianças pequenas. No entanto, a maioria dos pais permitirá que os seus filhos usem um crachá sob supervisão.

A remoção do botão antes de lavar as peças de vestuário pode lembrar aos pais a sua brochura. Se as crianças se lembrarem do botão no dia seguinte, isso irá aumentar a sua probabilidade de gerar uma venda.

Pode baixar o custo comprando botões em branco a granel e encontrando um vendedor para lhe imprimir autocolantes baratos. A utilização dos autocolantes para fazer os seus botões vai exigir algum esforço.

Panfletos coloridos.

A maioria das crianças pequenas não consegue resistir à oportunidade de colorir. Assim, desenvolver um folheto para o seu livro com um espaço colorível é um dos métodos mais eficazes e rentáveis para promover o seu livro. O objectivo é tornar as margens do panfleto dinâmicas e instantâneas para que o centro implore para ser colorido.

Cativar Editores e Leitores.

Esta é a opção mais cara, mas ficaria surpreendido com o quão barata pode ser a impressão de grandes quantidades de ímanes de frigoríficos planos. Uma personagem da história dos seus primeiros filhos pode ser impressa neles. As pessoas estão menos hesitantes em abandonar um íman; muito frequentemente, tornar-se-ão uma característica permanente no frigorífico de alguém e no objecto de brincadeira ocasional das crianças.

Tal como a ideia do crachá, os ímanes de frigorífico em branco podem ser comprados a granel por uma fracção do custo dos ímanes produzidos profissionalmente. Pode desenhar os seus ímanes personalizados encomendando folhas de autocolantes. Estes não sobreviverão tanto tempo, mas servirão para promoção.

CAPÍTULO 3: AUMENTAR A VISIBILIDADE DO LIVRO INFANTIL ATRAVÉS DAS APARIÇÕES DOS AUTORES.

O envolvimento do autor numa campanha de oratória em público é uma técnica comprovada para divulgar a notícia sobre o seu livro. Os romances dos autores que prosseguem os seus compromissos de orador recebem mais atenção. Alguns autores, sozinhos, catapultaram as suas obras para o estatuto de bestseller, viajando continuamente e dando palestras a nível nacional.

Mesmo que um autor não possa viajar e falar com frequência devido a outras obrigações, esta parte do marketing do livro não deve ser negligenciada. Mesmo alguns eventos de oratória ajudarão os autores a construir um público dedicado à leitura e a melhorar a venda de livros.

Começar a andar.

As livrarias e bibliotecas locais são excelentes áreas para os autores começarem a discutir o tema das suas obras. Muitos retalhistas (particularmente a Borders e a Barnes & Noble) realizarão breves seminários de autores para os seus clientes. As bibliotecas também o fazem. Após estes eventos, os autores que aproveitarem estas oportunidades podem aumentar as suas vendas de livros vendendo cópias autografadas das suas obras.

Os autores não-ficção têm tipicamente um tema de fala natural. No entanto, os autores de livros de ficção e livros infantis podem criar oportunidades de falar. Durante o Mês Nacional da Alfabetização, por exemplo, os autores de livros infantis podem voluntariar-se para ler as suas obras numa livraria ou biblioteca (Setembro).

Um autor de literatura para jovens adultos pode voluntariar-se para ensinar aos adolescentes um pequeno curso de escrita de ficção numa biblioteca local. Os autores de mistérios podem aproveitar o Mês dos Mistérios da Barnes & Noble em Outubro. Estas são apenas algumas das muitas possibilidades que os autores podem desenvolver para organizarem encontros de oradores para promover os seus romances.

Enquanto a criação de uma carreira de orador leva tempo, falar em público pode ser lucrativo para os autores que o incluam na sua estratégia de marketing de livros. Inicialmente, os autores precisam tipicamente de falar gratuitamente e alavancar cada compromisso de orador para vender livros. No entanto, os autores podem cobrar pelos seus serviços assim que estabeleçam um negócio de oradores.

Se um autor não tiver experiência de falar em público ou tiver medo de falar em frente de um grupo, poderá considerar a possibilidade de ler livros sobre falar em público ou inscrever-se em workshops de falar em público.

Aquisição de compromissos de orador.

Os discursos devem ser activamente perseguidos e cultivados. As oportunidades só são apresentadas a autores que desenvolveram o aspecto falante do seu ofício ao longo do tempo. A maioria dos novos oradores terá de investir tempo para assegurar os seus compromissos de orador.

Muitos eventos incluem autores como oradores principais. Os autores podem prosseguir os seus compromissos de oradores identificando eventos e grupos que atendam a audiência pretendida pelo seu livro como potenciais oradores.

Por exemplo, um livro sobre práticas de encontros seguros para adolescentes poderia levar a compromissos de oradores em escolas médias e secundárias e organizações juvenis comunitárias e eclesiásticas.

Uma vez que um evento ou grupo tenha sido descoberto como local adequado para falar, o autor contactará os organizadores do evento ou grupo e submeterá um perfil, tópico de fala e sinopse para consideração.

Quantos livros podem ser vendidos por oradores públicos? Depende da ocasião, do orador, e do ouvinte. Quer o número de vendas de livros seja de três ou trezentos, cada orador é uma oportunidade de exposição. Além disso, a publicidade gera futuras vendas de livros.

CAPÍTULO 4: RESENHAS DE LIVROS COMO A SUA FERRAMENTA PROMOCIONAL MAIS EFICAZ.

As resenhas de livros são um método eficaz de publicidade da sua publicação. A maioria dos leitores conta com resenhas de confiança, uma vez que os revisores profissionais são objectivos e respeitados pela maioria dos leitores. Encontrar revisores decentes é problemático para muitos autores, especialmente para os menos experientes.

Com mais de 500.000 novos livros a serem publicados anualmente, a procura de resenhas tem aumentado dramaticamente. Hoje em dia, é bastante difícil obter uma resenha de um revisor amplamente reconhecido. Para lhe dar uma ideia de toda a edição, a Publishers Weekly, a principal revista do sector, examina anualmente apenas 5.000 livros.

A Midwest Book Reviews analisa cerca de 490 livros por mês e é uma das maiores organizações de resenhas do país. No entanto, não há motivo para estar irritado. Há muitas opções para autores perspicazes comporem críticas perspicazes.

Como posso encontrar um revisor?

Há muitas fontes credíveis a que se pode recorrer. Dan Poynter, um perito editorial do mais alto calibre, oferece-lhe a oportunidade de listar o seu livro para revisão no seu boletim informativo digital intitulado "para publicação". Os autores ansiosos por ver os seus nomes impressos oferecer-se-ão para rever o seu livro.

Poynter solicita que os revisores que se registem no seu sítio web se abstenham de publicar comentários desagradáveis. Ele esclarece que não solicita ao revisor que altere a sua opinião. Ele apenas implora que não diga nada se não puder oferecer algo positivo.

Os Top 1000 Revisores da Amazon são a maior colecção de revisores profissionais. Qualquer revisão endossada por esta organização será altamente considerada e na qual se confiará.

Insira "Amazon Top Reviewers" no seu motor de busca para obter uma lista de revisores e as suas classificações. Não espere uma resenha dos 50 ou 100 melhores sítios web. Eles são excepcionalmente ocupados e selectivos. Se tiver tempo, por favor, tente. É concebível. Tenho experiência pessoal com isto.

É essencial considerar mais do que estes revisores. Se foi autor de um livro de não-ficção, envie um pedido de revisão a periódicos que cobrem o mesmo assunto. Se for bem sucedido, será visto por leitores da revista que já tenham demonstrado interesse neste assunto e tenham uma elevada probabilidade de compra.

Consulte também os jornais locais. Existem secções específicas para negócios, idosos, alimentação, viagens, e imóveis no maior jornal diário. Envie o seu pedido de revisão ao editor da secção apropriada.

Infelizmente, muitos jornais eliminaram as suas secções de resenhas de livros, embora outros ainda publiquem resenhas em outras páginas. Não deixe de contactar os jornais semanais locais. Eles são bem lidos e estão constantemente à procura de histórias interessantes sobre as realizações dos indivíduos locais.

Introduza "Resenhas de Livros" na Internet, mas veja bem as suas respostas. Desconfie das resenhas compradas. Eles não têm o mesmo peso que os empregados não remunerados. No entanto, existem algumas valiosas críticas pagas. A revista ForeWord Magazine iniciou um esquema pago que granjeará respeito, tal como as avaliações pagas de Normal Goldman de Bookpleasures.com.

Avaliações de pré-publicação.

Os autores perdem frequentemente um tipo de revisão que é de importância crítica. Antes do lançamento de um livro, apenas as sete revistas mais significativas do nosso sector fazem críticas. A maioria das pessoas do sector vêem estas críticas. Uma crítica positiva sobre qualquer uma delas ajudará a assegurar vendas substanciais antes de o seu livro ser publicado.

Os sete principais revisores antes da publicação são Editor's Weekly, New York Times, Library Journal, Kirkus Review, e ForeWordMagazine.

Crítica de livros e Lista de Livros (Associação Americana de Bibliotecas)

Se o seu livro for apropriado para crianças ou adolescentes, inclua o School Library Journal. Quatro meses antes da publicação, deve entregar as galés do seu livro incluídas numa capa (ou numa cópia) ao revisor. A capa deve indicar

"Advanced Review Copy - Not Completely Edited". Mesmo que tenha uma cópia completa do livro, não a deve submeter. Este revisor só aceitará cópias avançadas (ARCs).

Poderá optar por contratar uma impressora digital especializada em tiragens curtas e mandar criar cópias encadernadas. No entanto, estas devem também ostentar a notificação do ARC na capa. Necessitará inevitavelmente de mais cópias do que as que enviar a estes revisores.

Poderá desejar promover clubes de livros, distribuir a revisores adicionais, incluir um ARC com pedidos de endosso, e utilizar o seu livro para outros fins promocionais.

Uma vez publicado o livro, é evidente que continuará a solicitar o maior número possível de resenhas e a assegurar que um número significativo delas seja colocado na Amazon.com, Barnes & Noble.com, Borders.com, e Books-a-Million.com. Não ignore as muitas livrarias da Internet que são afiliadas da Amazon.

CAPÍTULO 5: UTILIZANDO IMAGENS DO SEU LIVRO PARA PROMOÇÃO.

Tipicamente, os livros têm pelo menos duas imagens: a arte da capa e a fotografia do autor. Outras publicações podem ter muitas fotografias a preto e branco ou a cores dentro de fotografias, ilustrações, mapas, ou outras formas de gráficos.

Todas estas fotografias podem ser utilizadas para comercializar o seu livro, mesmo que os clientes comprem online e não possam examinar uma cópia real antes de comprarem. Antes do lançamento ou mesmo do lançamento do seu livro, tome o tempo necessário para considerar como pode utilizar estas fotografias no seu marketing e guarde-as num formato que as torne facilmente acessíveis.

Assegurando que Tem as Fotos Apropriadas.

Se tiver outras imagens para utilizar, deixe claro ao seu fotógrafo ou pessoa de layout e design que as quer em formato jpeg para que possam ser utilizadas em linha e noutros formatos.

Alguns desenhadores de livros podem preferir fotografias tiff, que por vezes são superiores para a qualidade de impressão, enquanto as imagens jpeg são normalmente igualmente boas. Como a Internet gosta de jpegs, não será possível carregar as suas fotografias tiff online. A alteração de formatos de imagem pode não ser um problema se estiver familiarizado com o Photoshop ou outra aplicação que lhe permita recortar e modificar fotografias.

Alternativamente, poderá gostar de aprender a editar imagens para ter mais alternativas no futuro. Se quiser fotografias prontas a usar, não se esqueça de informar o seu especialista em layout de livro que deseja que qualquer corte ou alteração que ele faça seja duplicado exactamente como aparecem no seu livro. Por conseguinte, tem as melhores imagens para utilizar nos seus esforços de marketing. Mesmo que o seu livro seja impresso apenas a preto e branco, deve solicitar estas fotografias como jpegs e a cores.

Num livro, imagens a preto e branco são aceitáveis, mas em linha, a cor é esperada. Além disso, as fotografias para livros são normalmente requeridas para ter uma alta qualidade, tal como 300 dpi, enquanto as imagens publicadas online devem ter uma resolução reduzida, tal como 72 dpi, porque demorarão pouco tempo a carregar numa página web.

Múltiplos métodos de marketing para as imagens do seu livro.

Se for o primeiro autor a lançar o seu primeiro website, vai querer que este espelhe a capa do seu livro ou reflicta a substância do seu livro. Use temas, cores, imagens e imagens que correspondam ao tom, propósito e conteúdo do seu livro.

Utilize estas fotografias como pré-visualização para encorajar os leitores a comprar o livro. Não quer contentar-se com um website que entre em conflito com a capa do seu livro ou com os seus gráficos ou utilizar desenhos pré-fabricados que não apresentem a imagem adequada ou, pior ainda, que sejam contraditórios. Consulte o designer do seu sítio web para tirar o máximo partido da capa e de outras fotografias.

À semelhança do seu sítio web, o seu blog deve representar o conceito e conteúdo do seu livro e a identidade do seu autor. Algumas fotografias do seu livro, como uma fotografia de autor ou uma página, podem ser publicadas no blogue utilizando o modelo do sítio. Depois, adicione as restantes fotografias ao seu blogue, uma ou duas de cada vez.

Aqui está uma área onde vai querer ter um grande número de fotografias jpeg disponíveis para que, se vai escrever um blogue diariamente ou mesmo apenas algumas vezes por semana, as suas imagens estejam todas prontamente disponíveis e já cortadas e dimensionadas para lhe poupar tempo.

Publique extractos do seu livro e acompanhe-os com as fotografias apropriadas do livro. Alterne postagens do seu livro com postagens sobre si mesmo ou coisas que fez, e continue a tirar e publicar as suas imagens.

Um blogue eficaz com imagens pode exigir que aprenda a utilizar um programa como o Fireworks ou Photoshop para que as suas fotografias sejam de excelente qualidade e cortadas ou editadas para um óptimo efeito.

Porque os telespectadores terão provavelmente de descer para ler a totalidade do seu post no blog, incluir uma imagem na parte superior do post de modo a atrair imediatamente a atenção em vez de a enterrar mais abaixo na página e provocar os seus telespectadores, colocando uma ou duas das suas maiores fotografias de um CAPÍTULO e deixando-os saber que há mais imagens no livro.

Na era das redes sociais, as pessoas gostam de se examinar os álbuns de fotografias em linha uns dos outros. Seja no Facebook, Instagram, TikTok, ou outro site que lhe permita adicionar fotografias ou imagens a um álbum, estabelecer um álbum de fotografias para o seu livro, ou múltiplos álbuns para diferentes partes do seu livro. As pessoas estarão mais interessadas no seu livro se houver fotografias incluídas. Além disso, sinta-se à vontade para utilizar algumas destas fotografias como o seu perfil.

Pré-visualização de Vídeos do Livro: Crie um vídeo de pré-visualização do seu livro. Reader Views é uma empresa profissional de promoção de livros que produz filmes de pré-visualização de livros para autores. Terá de submeter uma dúzia ou mais das melhores fotografias do seu livro em formato jpeg para serem utilizadas no filme.

Poderá querer incluir um guião de voiceover ou ter um criado para o ajudar a fazer corresponder as palavras faladas com as fotografias apropriadas. Mesmo que o seu livro não contenha muitas fotografias, aqui está uma razão para descobrir mais imagens que o ajudarão a promover o livro, desde que pague por elas ou utilize imagens livres de direitos de autor.

Cartões Postais e Outros Materiais de Marketing: Considere todas as opções de promoção do livro para além das listadas acima. Se foi autor de um livro de história ou de viagens, poderá gostar de transformar as suas fotografias numa linha de cartões postais.

Se os turistas estiverem inclinados a comprar o seu livro, também comprarão os seus cartões postais. Como os postais são tipicamente baratos, pode ser possível vender um número significativo deles. Escolha cinco ou seis das suas melhores fotografias e crie uma série de marcadores de livros; para os romances infantis, pode criar um marcador de livros para cada uma das personagens do livro.

Que tal cartões de notas, cartazes, calendários, cartões comerciais para crianças, canecas de café, sacolas de café, puzzles, e talvez uma linha de T-shirts? Mesmo que não mencione o seu livro em todas estas coisas, poderá gerar dinheiro adicional a partir das suas fotografias e vender estes produtos para além do seu livro no seu website.

A loja de presentes do bairro pode não estar interessada em vender os seus livros, mas podem estar interessados em vender os seus calendários ou t-shirts. Não se restrinja. Promova e venda as suas fotografias, com ou sem o livro.

As imagens são essenciais para a comercialização de um livro. As pessoas gostam de ver fotografias, e captam a atenção do leitor quando um simples texto não o pode fazer. Utilize as suas fotografias para atrair o interesse e comercializar o seu livro de todas as maneiras possíveis. Seja imaginativo, para que estas fotografias possam gerar mais dinheiro como autor.

CAPÍTULO 6: COMO PROMOVER O LIVRO ELECTRÓNICO DOS SEUS FILHOS ATRAVÉS DE COMPROMISSOS DE ORATÓRIA.

Tradicionalmente, os autores que lançassem um novo livro embarcavam numa "tournée do livro" que consistia em assinaturas, apresentações, discursos e entrevistas aos meios de comunicação social em todo o país. Embora muitas destas actividades tenham mudado em linha durante a última década, os discursos são um método eficaz para vender livros e construir uma audiência.

Não há razão para os escritores do Kindle não poderem usufruir destas vantagens, mesmo que não tenham cópias físicas para vender no fundo da sala ou para se aguentarem no pódio.

Localize o seu Kindle speaking tour. Cada município ou grupo tem uma câmara de comércio e procura continuamente oradores para o pequeno-almoço ou almoço. Em muitas regiões, existem também organizações locais independentes em rede.

Se não estiver familiarizado com o ambiente de rede na sua comunidade, fale com um banqueiro local, agente imobiliário, ou proprietário de uma empresa de serviços local ou informe-se no Centro de Desenvolvimento de Pequenas Empresas ou escritório de desenvolvimento comunitário mais próximo.

O assunto do seu livro pode apelar a grupos especializados, tais como clubes de jardinagem, organizações políticas, e igrejas. Examine os calendários de eventos no seu jornal local ou online para saber quais as organizações que organizam rotineiramente eventos públicos com oradores.

Crie uma lista de organizações que possam estar desejosas de o fazer falar em seu nome. Para cada uma delas, telefone ou envie um e-mail à organização e informe-se sobre o nome e as informações de contacto do coordenador de oradores.

Depois contacte essa pessoa por telefone ou e-mail e ofereça os seus serviços como orador. Inclua uma breve biografia, uma descrição do seu livro electrónico Kindle, e um resumo do tópico que pretende discutir e porque é que interessaria aos membros do grupo. Normalmente, o passo seguinte consiste em estabelecer uma data para a sua discussão.

Além disso, a maioria das bibliotecas públicas dispõe de uma sala de reuniões onde permitem ou acolhem com agrado os seus compromissos de orador. Visite a biblioteca da sua comunidade e informe-se sobre quem organiza as reuniões. Faça uma introdução e ofereça-se para falar. Isto sempre funcionou para mim onde quer que eu tenha vivido.

Pode também contactar empresas locais com salas de conferências se quiserem organizar um pequeno evento de oradores para os seus clientes. Descreva como isto os promove como úteis na perspectiva dos seus clientes. O seu tópico não deve estar directamente relacionado com o trabalho destes profissionais para que esta estratégia seja eficaz.

Por exemplo, se a sua brochura ensinar aos pais como ajudar os seus filhos a desenvolverem melhores competências de estudo, um advogado, contabilista ou terapeuta estaria a servir os seus clientes que têm filhos ao acolher a sua palestra sobre este tópico no seu escritório.

Actividades não locais requerem muito mais planeamento, uma vez que devem ser programadas em torno da sua disponibilidade para viajar para um determinado local.

Alguns autores de livros electrónicos lutam porque não têm nada tangível para vender durante os seus compromissos de orador. Como é que se incita então os participantes a comprar? Simples! Crie panfletos com o que é conhecido como um código QR (se você Google "gerador de código QR gratuito", pode encontrar websites onde pode gerar um para o seu ebook).

Aqueles na audiência que possuem smartphones podem digitalizar o código QR para aceder à página de vendas do ebook. Inclua um URL convencional para a sua página de vendas no folheto para indivíduos sem smartphones. Eles levarão o folheto para casa e comprarão o seu ebook no seu computador de casa.

Envie um comunicado de imprensa aos jornais locais sempre que realizar as acções acima mencionadas, se o evento for acessível ao público. Muitas vezes, um compromisso de orador é uma desculpa para um longo artigo sobre o livro ou negócio em questão. Isto pode gerar vendas de indivíduos que não compareceram à sua apresentação.

CAPÍTULO 7: COMO CONSTRUIR A SUA PLATAFORMA DE AUTOR PARA MELHORAR A PROMOÇÃO DO LIVRO INFANTIL.

Como autor de livros infantis, provavelmente já encontrou o termo plataforma de autor frequentemente, mas pode estar a perguntar-se: o que é uma plataforma, e como posso obter uma?

A sua plataforma de autor determina o seu alcance no mercado e é vital para os seus esforços de marketing de livros. Se deseja assegurar um negócio de livro com uma editora comercial típica, deve ter uma sólida plataforma de autor. Ao avaliar propostas de livros, os editores querem saber quão conhecido é e quão eficaz será na publicidade do seu livro após a sua publicação.

Antes de escrever um livro ou proposta de livro é o momento ideal para começar a construir a sua plataforma de autor, uma vez que necessita de tempo. Contudo, pode continuar a construir a sua plataforma de autor, independentemente do local onde se encontra no processo de publicação.

Existem muitas definições de plataforma de autor, mas todas elas se resumem a três elementos:

- Branding.

- Reputação.

- Criação de redes.

Branding.

A marca distingue-o num mercado apinhado e torna-o memorável. O seu slogan de autor é um dos aspectos mais significativos da sua marca; é uma representação concisa e envolvente do que faz.

Seguem-se alguns exemplos de marcas de autor:

- O Cão da Publicidade.

- O Doutor do Amor.

- O Pro. da Produtividade.

- O Autor do Romance Risqué.

- Autor de mistérios de suspense.

- Autor da série Detective McGee.

- Autor de livros instrutivos para crianças.

Utilize o seu slogan como título, seguindo o seu nome em materiais publicitários e a sua assinatura. Refiro-me a mim própria, por exemplo, como Dana Lynn Smith, The Savvy Book Marketer.

A sua fotografia de autor é um bem promocional adicional. Obtenha uma fotografia com aspecto profissional e utilize-a em todo o lado para aumentar a sua visibilidade. Profissional não implica necessariamente uma imagem de estúdio; considere como o fundo, a pose e o traje da sua fotografia de autor pode reflectir a sua marca e os géneros de livros que escreve. Onde quer que a sua fotografia apareça, forneça sempre uma legenda com o seu nome e slogan.

A marca do autor pode incluir o seu logotipo, capas de livros, esquema de cores, estilo particular de escrita ou fala, e credenciais académicas. Juntas, estas características geram uma marca reconhecível que o torna memorável e melhora a credibilidade da sua plataforma de autor.

Considere as medidas que pode tomar para melhorar a sua marca.

Reputação.

A reputação é uma medida da sua notoriedade, daquilo por que é conhecido, e da sua credibilidade. Considere as seguintes considerações ao promover o seu livro:

- Tem uma licenciatura, formação ou experiência substancial no assunto sobre o qual está a escrever e/ou a escrever?
- Possui uma qualificação profissional na sua área de especialização, ou pode ganhar uma?
- Que honras ou distinções recebeu?
- Que experiência mediática possui?
- Quantas pessoas alcançam os seus discursos e entrevistas mensais?
- Quantas pessoas visitam o seu blogue?
- Quantos artigos escreveu, publicou, ou publicou no mês passado?
- Quão conhecido é, e quão reconhecível é o seu nome?
- Que papéis de liderança tem?
- Porque é que as pessoas o devem ouvir ou ler as suas obras?

Os autores de não-ficção podem desenvolver uma reputação de autoridade sobre o seu assunto através de actividades como a produção de livros e artigos, discursos e ensino, aparecer em programas de palestras, ser mencionados em publicações de outros autores, e escrever os prefácios de outros livros.

Os autores de ficção podem tornar-se conhecidos pelo seu estilo de escrita e proficiência num género particular (como o infantil, ficção científica, romance, ou mistério) ou especialização num género (histórias de vampiros, aventura romântica).

A sua plataforma de autor e reputação pode ser reforçada através da conquista de elogios, da obtenção de excelentes críticas de livros, e da recepção de testemunhos e endossos de celebridades e profissionais da indústria.

O que pode fazer para melhorar o número de pessoas que alcança com os seus esforços de promoção de livros e aumentar a sua reputação de autor e o seu estatuto de especialista?

Como pode o seu material de marketing destacar as suas credenciais?

Ligações.

Ao promover um livro, quem se sabe é mais importante do que aquilo que se conhece!

Para vender livros no mercado actual, é necessário estar ligado. Aqui estão alguns exemplos de ligações que os autores podem utilizar para promover os seus livros:

- Base de dados de contactos - Clientes, contactos, colegas de trabalho, amigos e família.

- Opt-in Mailing List - Indivíduos que o autorizaram a contactá-los.

- Influenciadores - Celebridades, indivíduos notáveis na sua indústria, resenhas de livros, os meios de comunicação, e bloggers.

- Ligações no Facebook, Twitter, e outras redes sociais online, grupos, e fóruns.

- Leitores de blogues - Indivíduos que vêem o seu blogue ou que subscrevem o seu feed.

- Associações profissionais - Membros e líderes da associação. As posições de liderança aumentam a visibilidade dentro de uma empresa.

- Outras Organizações - Associações de antigos alunos, grupos cívicos e de serviços, clubes de passatempos, etc.

CAPÍTULO 8: PORQUE ALGUNS AUTORES NUNCA SÃO BEM SUCEDIDOS COMO AUTORES DE CRIANÇAS.

1 - Estar demasiado interessado no Resultado - Ninguém quer acreditar que o livro em que trabalhou durante horas, semanas, ou meses irá falhar. É inevitável, e é preciso estar preparado para isso.

Os livros que considera o seu melhor trabalho não conseguirão ganhar tracção, enquanto aqueles que criou com metade do esforço subirão mais alto do que alguma vez imaginou. Isto pode resultar de montar a mais nova tendência, um golpe de sorte, ou outras circunstâncias desconhecidas.

Não deve ser levado a peito. Muitos autores em início de carreira desistem quando o seu primeiro livro não corresponde às suas expectativas. Mesmo que tenha feito tudo o que estava ao seu alcance para ajudar o seu último produto a ter sucesso, pode ser difícil observar o seu fracasso.

Se esgotou todas as opções possíveis, trace uma linha na areia e avance para o próximo esforço. Demasiados autores desperdiçam dinheiro a tentar fazer algo que nunca será bem sucedido. Não se apegue demasiado ao resultado.

2 - Antecipando a reforma após a publicação de um livro - Ao contrário dos filmes de Hollywood em que o protagonista escreve "O Fim" na página final do seu manuscrito e vende como bolos quentes, a vida infelizmente segue as suas próprias regras, e uma delas é que se deve fazer um esforço para obter boa sorte. Em comparação com as centenas ou milhares de livros publicados semanalmente, o seu livro é uma gota no oceano: a generosidade.

Se comparar um website com uma página com dez, vinte, ou cem páginas, é óbvio que o website com o maior número de páginas será descoberto por mais pessoas mas não se desencoraje. Pode aumentar as hipóteses de sucesso do seu livro, distribuindo-o ao maior número possível de livrarias online e retalhistas. Quanto mais locais onde as pessoas o possam encontrar, melhor.

Portanto, descarte a noção de que um único livro será suficiente. Trabalhe nos seus segundo e terceiro rascunhos. Depois, quando se conectar com o seu público, terá ainda mais livros para eles devorarem.

3 - Nunca Pedir Revisões - Sejamos realistas, nem todos nós somos do tipo de vendas, por isso a ideia de nos aventurarmos para além do nosso círculo de amigos e família a vender a nossa última obra-prima pode ser assustadora, mas se for atormentado por pensamentos como "E se as pessoas não gostarem?" e "E se as únicas revisões que recebo forem negativas?" nunca conseguirá libertar o seu trabalho. Estás condenado ao fracasso.

Se deseja ter sucesso na indústria editorial, deve estar preparado para a possibilidade de nem todos gostarem do seu livro ou mesmo você. Estes indivíduos levantaram as mãos e afirmaram: "Não sou o vosso público". Então, o seu objectivo é encontrar o seu público. Está a prestar um grande mau serviço a si próprio ao não pedir críticas ou colocar o seu livro à frente de muitas pessoas, como possível.

4 - Going It Alone - Já alguma vez observou um artista a rodar placas? Observa-se com espanto enquanto correm de uma placa a abrandar para outra, acelerando-a e equilibrando-a antes de correr de volta à primeira. Se isto o descreve a si e à sua escrita, é apenas tempo antes que tudo desmorone e você desespere.

Cada grande editora tem equipas que fazem as muitas tarefas necessárias para gerar e comercializar um livro. Antes de um livro chegar às prateleiras, ele é revisto por revisores, editores, designers, ilustradores, e um grupo de marketing. Se usar todos esses chapéus, os seus romances nunca serão tão bem sucedidos como poderiam ser. Sei por experiência própria.

Se não tiver recursos para contratar alguém para todas estas actividades, comece por ser pequeno e identifique alguém que possa lidar com as suas responsabilidades mais fracas. Vá a Fiverr.com e contrate alguém para criar as suas capas de livros se não quiser criar as suas próprias capas.

Depois, contrate alguém com capacidade de redação para compor as capas e descrições do seu livro, seguido de um especialista em promoção de livros. Não precisa de ser complexo ou caro. Quanto mais tempo continuar a desempenhar todos estes papéis, mais tempo demorará a alcançar o sucesso.

Não examinaria a sua escrita como proprietário de um negócio - o McDonald's nunca abriria um restaurante numa área onde ninguém andasse, o Walmart nunca carregaria as suas prateleiras com coisas que ninguém desejava, e a Amazon nunca lhe venderia um único artigo no seu caminho para a página de checkout.

No entanto, quantos autores cometem estes erros? Escrever para um público que não existe, publicar livros que ninguém quer, e ter apenas um livro para vender em oposição a uma série. Demasiados, e é assim que deve concentrar-se na sua escrita e nos livros que vão para a frente.

Se algo é ineficaz, fazendo-o perder dinheiro ou consumindo demasiado tempo, deixe-o ir e siga em frente. Concentre o seu tempo e energia no que está a funcionar e repita o procedimento.

Se um livro tiver sucesso, crie uma sequela, prequela, ou qualquer outra sequela que lhe proporcione receitas adicionais. Se gastou 100 dólares para promover o seu último livro e só ganhou 50 dólares, tenho a certeza que não tenho de lhe dizer que foi uma má decisão comercial.

No final, um livro é um bem, nada mais e nada menos. Rejeite a noção de que é uma obra de arte ou uma indicação de quem você é. As pessoas que têm tais opiniões vivem a vida de um artista faminto - as pessoas que vêem os seus livros como uma empresa que ou é lucrativa ou não lucrativa não.

CAPÍTULO 9: SUBMISSÕES A CONTRATO PARA COMERCIALIZAÇÃO DE LIVROS À PROFISSÃO DE ESCRITORA.

Aprender o ofício de escrever é a pedra angular da escrita de romances para crianças ou qualquer género. Como autor infantil, deve compreender as directrizes e técnicas únicas para escrever histórias apropriadas à idade com vocabulário e enredos apropriados à idade.

Depois de ter tido tempo para dominar a sua habilidade e ter avaliado, revisto e editado o seu manuscrito, os livros tradicionais de escrita para crianças continuam com as submissões, promoções, e uma carreira de escrita.

Escrever Livros Infantis: Envios.

Antes de considerar submeter o seu trabalho em qualquer lugar, assegure-se de que tomou as medidas essenciais para dominar o ofício de escrever. O seu manuscrito deve ser o mais bem polido possível.

Existem dois tipos de submissão: as que se destinam a editoras e as que se destinam a agências. Em recomendei "agentes de pesquisa" antes de lhes submeter o seu trabalho.

Antes de submeter uma pergunta a um agente, deve conhecer as suas intenções, especialmente antes de anexar uma assinatura de contrato. Isto implica determinar o tipo de agente que eles são o género que representam, e a plataforma de agente que oferecem: satisfazem os seus autores ou quebram o chicote? São passivos, agressivos, envolvidos, ou complacentes?

O mesmo conselho aplica-se à submissão aos editores; antes de submeter aos editores, realize pesquisas sobre os mesmos. Saber que géneros de livros infantis eles publicam e os tipos de enredos que procuram.

Quer seja enviado a uma editora ou a um agente, deve sempre aderir aos requisitos de submissão e personalizar a questão. Pode haver casos em que as directrizes não especifiquem o nome do editor a quem a pergunta deve ser enviada, mas se conseguir encontrar esta informação, utilize-a.

Saber como lançar a sua história é igualmente essencial. Isto implica descobrir o gancho da história. Os agentes e editores também estão interessados nos elementos de venda do livro e nas semelhanças com outras publicações de sucesso.

Além disso, eles antecipar-se-ão a serem informados sobre a sua abordagem de marketing. Antes de submeter o seu trabalho, deverá estabelecer uma presença e plataforma na Internet; informar os agentes e editores de que irá promover agressivamente o seu livro.

Para além do gancho do conto, deve transmitir: quem é a sua personagem principal e do que se trata; a acção que impulsiona a história; a dificuldade da personagem principal; e, se o obstáculo não for ultrapassado, o que está em jogo.

Examine "o verso dos livros publicados" para determinar quão concisa e eficazmente expressam a substância da história. Isto fornece-lhe um exemplo de como escrever o seu resumo.

Mantenha a sua pergunta breve e profissional, e mantenha a sua biografia concisa e pertinente. Deve cativar o editor ou agente e seduzi-lo a ler o seu manuscrito.

Aqui estão quatro ferramentas que o podem ajudar na sua busca por uma editora ou agente:

1. Onde vender o seu trabalho e como o fazer.

Mais de 700 listas para editoras de livros, revistas, agentes, representantes de arte, e mais.

WritersMarket.com é uma plataforma online que o pode ajudar a comercializar a sua escrita.

2. O Contrato de Livro.

Se fizer a sua pesquisa, o seu romance acabará por encontrar uma casa. Se receber as suas primeiras rejeições, não deixe que elas o desencorajem. Uma autora publicada pode nem sequer ser a melhor escritora, mas é sem dúvida uma autora persistente.

Deverá solicitar uma explicação se não compreender algo no seu contrato. Depois de assinar um contrato, será "colocado em linha" e começará a editar com o editor da editora em algum momento. Pode passar um a dois anos entre o início do processo de publicação e a sua publicação efectiva..

3. Promoção do livro.

Alguns meses antes do lançamento do seu livro, deverá começar a promovê-lo para impulsionar as vendas. Isto precisará de criar um website e uma plataforma de autor; precisará de se promover a si próprio e à sua obra.

Após a publicação do seu livro, precisará de se envolver em visitas virtuais ao livro, anúncios para convidados na rádio, visitas escolares, e outras técnicas típicas de promoção do livro. Poderá tratar disto por conta própria ou envolver-se num negócio de promoção de livros ou publicitário.

4. Uma Carreira de Escrita.

Agora que tem o seu livro, está a empurrá-lo como louco (este é um processo contínuo). A fase final e subsequente consiste em repetir o procedimento. Não vai querer ser uma maravilha de um só êxito, por isso espero que tenha estado a escrever mais peças. Caso contrário, comecem imediatamente. Um autor publica um livro a cada um ou dois anos, em média.

Para além de manter o seu entusiasmo pela criação de livros infantis, a publicação de livros abre a porta a outras opções de escrita, tais como discursos, workshops e/ou teleinários, e treino.

Muitos comerciantes afirmam que o seu 'livro' é o seu cartão de visita ou cartão de visita; demonstra as suas capacidades e promove-o como uma autoridade na sua profissão ou especialidade. Tire partido destes novos canais de exposição e receitas.

CAPÍTULO 10: MARKETING DE LIVROS EM LINHA.

Se tiver concluído o lançamento do livro, comunicados de imprensa, entrevistas aos meios de comunicação social, palestras na biblioteca, assinaturas em lojas, visitas a escolas, etc., e não tiver a certeza do que fazer a seguir, poderá querer promover o seu livro em linha.

Milhões de websites e blogues estão orientados para leitores de livros, autores, educadores, crianças, adolescentes, etc., e centenas (se não milhares) mais abordam cada um dos tópicos e preocupações discutidos no seu livro.

Considere cada website e blogue como um "local virtual" para promover o seu livro.

Existem duas técnicas primárias para o conseguir:

1. O proprietário do website ou do blog (ou um membro do pessoal) enviar-lhe-á uma série de perguntas por correio electrónico, e responder-lhe-á por correio electrónico. Em seguida, as suas respostas (potencialmente modificadas) às suas perguntas são colocadas no seu sítio web. Podem também promovê-la no seu boletim informativo ou e-zine ou exortar os seus subscritores a enviar-lhe perguntas.

2. Peças: O utilizador providencia para escrever um ou mais artigos breves para publicação no seu sítio web ou boletim informativo.

Após cada entrevista ou artigo, pode mencionar o seu livro e onde pode ser comprado. Esta é a sua compensação. Não deve esperar compensação pela entrevista ou peça em si; está a fazê-lo por publicidade, não por dinheiro.

Crie uma lista de tudo o que o seu livro cobre, incluindo o tema principal, subtópicos, locais, edições, etc. Inclua as coisas que investigou enquanto escrevia o livro, mesmo que tenham sido cortadas do rascunho final.

Haverá mais áreas sobre as quais terá agora algum conhecimento interno, tais como autoria de livros, encontrar um agente ou editora, possivelmente auto-publicação, localização e colaboração com um artista de capa, proferir discursos, assinaturas de livros, etc. É provável que fique surpreendido com o tamanho da sua lista final.

Cada um destes temas será coberto por um número espantoso de websites e blogs, e muitas destas plataformas da Internet procurarão novos conteúdos. Portanto, utilize o seu motor de busca preferido para pesquisar cada item da sua lista.

Haverá provavelmente milhões de resultados para cada tópico. Considere as duas primeiras páginas dos resultados da pesquisa e seleccione um punhado dos sítios web mais relevantes. Em seguida, envie um e-mail aos proprietários do sítio perguntando se gostariam de realizar uma entrevista consigo ou se pretende que escreva uma peça relevante para o seu sítio.

Documente os sítios que contactou e as suas respostas (se as houver). Se algum sítio maior não responder, tente novamente uma semana mais tarde e possivelmente uma semana depois. Poderá também explorar a possibilidade de os contactar por telefone ou correio de caracol, em vez de correio electrónico.

Não desista desses grandes sítios até receber um "Sim" ou "Não" definitivo - eles provavelmente receberão milhares de visitantes. Imagine uma sessão de autógrafos no mundo real, na qual milhares de pessoas assistem. Não quer tal oportunidade perdida porque o proprietário do sítio estava demasiado ocupado para responder ao seu correio electrónico.

A promoção de livros online tem algumas vantagens significativas em relação à participação pessoal em eventos promocionais.

- Nenhuma viagem está envolvida, poupando-lhe tempo e dinheiro substanciais.

- Nunca ficará sem locais; simplesmente na próxima página de resultados de pesquisa ou no próximo item da sua lista.

- Vários locais podem ser visitados num só dia.

- Pode cobrir uma área muito maior - o planeta inteiro.

- Mesmo o mais pequeno local online tem normalmente uma audiência significativamente maior do que um único evento de autógrafos em pessoa.

- O seu posto ou entrevista permanecerá tipicamente online e continuará a gerar receitas durante anos.

- Não precisa de ter uma voz maravilhosa para falar ou a capacidade de pensar em respostas rápidas.

Uma vez completados alguns destes artigos ou entrevistas, tornar-se-á muito mais simples, pois poderá reciclar os mesmos comentários e conceitos fundamentais com pequenas modificações.

No entanto, como não há duas apresentações ou entrevistas no mundo real que sejam idênticas, deverá esforçar-se por tornar cada evento em linha único. Tente adaptar a sua escrita ao tom e ao público de cada website.

Considere quanto tempo passaria a preparar-se, a viajar e a apresentar-se num evento semelhante no mundo real. Poderá completar o evento em linha numa fracção do tempo e provavelmente obter resultados muito melhores - tudo sem sair da sua secretária.

CAPÍTULO 11: ASSEGURAR-SE DE QUE TEM UMA CAPA DE LIVRO NOTÁVEL.

Diz-se que se pode julgar um livro pela sua capa. Não está exactamente certo. Pode haver livros excelentes com livros pobres e livros médios com capas excelentes. Há uma certeza. Excelentes capas de livros vendem livros.

Já tive alguns livros em que uma capa funcionou excepcionalmente bem, e a outra não. O meu erro foi tentar marcar uma série do mesmo autor, tentando combinar o desenho do segundo livro com o do primeiro.

O problema era que o segundo livro era sobre um assunto diferente e exigia uma abordagem diferente. Na altura seguinte, contarei com a experiência profissional e darei o meu contributo relativamente ao mercado-alvo. No entanto, tenho alguns comentários a fazer sobre o estilo da capa.

Adoro a simplicidade e ousadia. Quero que o comprador reconheça imediatamente o título e o tema do livro. Quero que o título e o subtítulo sejam claros, a menos que o subtítulo se destine a elucidar o conteúdo. Falo com base na minha experiência pessoal.

Publiquei um livro sobre escrita de ensaio intitulado I Wish I'd Had This When I Was in School bem mais de uma década atrás. Embora o título fosse grande e ousado, não indicava a substância do livro. O título do seu livro deve transmitir uma personalidade distinta, especialmente no sector da não-ficção.

Sobrepor uma capa com demasiado conteúdo é a única coisa que evitei. Todos já vimos capas de livros onde cada centímetro quadrado é carregado com gráficos ou texto promocional. É excessivo. Além disso, não pode ser lida à distância. Gostaria que um comprador pudesse ler esse título de pelo menos três a quatro metros de distância numa livraria.

Isto leva-me ao meu próximo ponto: o espaço branco. As páginas com texto em excesso querem espaço em branco. Agora, não recomendo que se use branco como fundo para a capa de um livro, embora, como se pode supor, funcione excepcionalmente bem para alguns livros.

Alguns autores aconselham a utilização de "uma cor, uma textura ou uma ilustração de fundo". Além disso, é necessário um espaço branco, mas não um fundo branco.

O que não fiz ao seleccionar um desenho para um livro de negócios foi dar uma vista de olhos às capas de livros semelhantes. Verifiquei as comparações de preços mas não os desenhos das capas. Visite a sua livraria local se estiver actualmente a ler um livro de negócios, um livro infantil, ou qualquer outro género. Existe um padrão que lhe chama a atenção e que poderia funcionar, nem que fosse apenas como um conceito amplo, para o seu próximo livro?

Um último conselho é que fale com uma editora local. Há alguns anos, participei numa conferência em que uma editora proeminente fez uma apresentação sobre o design e solicitou aos participantes que submetessem os seus livros para avaliação.

Gostaria que o diálogo tivesse ocorrido antes da publicação de um dos meus romances. O conteúdo era excelente. No entanto, uma melhor cobertura teria aumentado as vendas. Esta é uma lição que gostaria de vos transmitir.

Excelentes capas de livros vendem livros.

CAPÍTULO 12: SUGESTÕES PARA ENCONTRAR EDITORAS DE LIVROS INFANTIS.

O número de indivíduos que acreditam que vão criar um livro infantil porque é simples, dir-lhe-á que escrever é difícil. Quando se tem uma história escrita que se acredita ser um sucesso no mercado infantil, é preciso encontrar uma editora especializada nesse tipo de escrita; é preciso uma editora de livros infantis.

Para garantir que descobre uma editora que partilha o seu entusiasmo por entreter e ensinar as crianças, há alguns aspectos que deve considerar ao seleccionar editoras de livros infantis.

A montagem de um papel soberbo deve ser a sua prioridade. O desejo de auto-publicação tem aumentado dramaticamente nos últimos anos, uma vez que as editoras já não aceitam muitos autores novos, mas em vez disso trabalham com autores estabelecidos. Entrar em contacto com qualquer editora de livros infantis começa com a apresentação de um manuscrito excepcional. Quer que eles leiam o seu artigo, determinem o seu valor e se ofereçam para o publicar em seu nome.

Encontre editoras especializadas em literatura para crianças. Nem todas as editoras têm experiência na publicação de livros infantis. Uma vez que este é um nicho de mercado, deve encontrar uma editora que se concentre em colocar o seu livro nos retalhistas para o grupo etário apropriado.

Ao seleccionar uma editora para um livro infantil, é essencial encontrar um negócio editorial com uma reputação sólida no mercado infantil. Deve assegurar-se de que a editora que seleccionar o seu livro o ajudará a publicitar o seu livro e a assegurar que este chegue ao público apropriado no futuro. Não aceite um contrato de qualquer editora; em vez disso, espere para ver o que todos oferecem para que possa escolher a melhor opção.

Ao longo deste procedimento, deve lembrar-se que as editoras já não aceitam todos os livros. Na realidade, passar por uma editora pode ser extremamente intimidante porque precisa de um agente para abordar as editoras em seu nome, o que pode ser moroso e laborioso. É por isso que a auto-publicação se tornou um negócio tão popular, permitindo aos autores publicar e distribuir o seu trabalho dentro do prazo previsto.

A auto-publicação permite-lhe manter um controlo total sobre o seu trabalho. Escolhe o método de publicação, quer um livro seja impresso ou publicado em linha. Pode fazer julgamentos com base no que acredita ser o melhor para o seu trabalho e o método ideal para a sua distribuição.

A auto-publicação permite-lhe controlar eficazmente o seu futuro com a assistência de uma editora experiente que pode fornecer-lhe uma pletora de orientação e assistência.

Utilize as ferramentas de assistência ao autor com as quais os profissionais da auto-publicação o podem ajudar. Ao publicar um livro infantil, necessitará de uma capa e fotografias cativantes para manter a atenção da criança.

A editora que seleccionar deverá ser capaz de lhe fornecer uma orientação útil, ter designers internos para o assistir com ilustrações e desenho da capa, e fornecer revisão e edição como uma conveniência extra.

Lembre-se sempre, enquanto procura editoras de livros infantis, de dedicar o máximo de tempo possível a aprender sobre a empresa através de resenhas na Internet e feedback de clientes, para que possa decidir com confiança o que fazer com o seu trabalho.

CAPÍTULO 13: ESCREVER PARA OS FILHOS E CONQUISTAR OS PAIS.

O talento de ser capaz de comunicar numa língua que o seu público alvo fala é óbvio. A escolha de um assunto com o qual a criança se possa relacionar é crucial. Mais uma vez, dependendo da idade da criança, acredita-se muitas vezes ser necessário incluir visuais; no entanto, crianças de todas as idades gostam de ver ilustrações.

É preciso compreender o que as crianças e os seus pais desejam da leitura. É crucial manter a felicidade das crianças e o prazer da história enquanto apelam à sua criatividade e energia criativa, mas o que irá convencer os pais a comprar o livro?

Os pais também estão à procura de livros com valor educativo para os seus filhos. As novas palavras e conceitos são instrutivos em e de si mesmos. Ainda assim, os pais querem frequentemente algo mais tangível - um meio de quantificar o sucesso do livro em termos do seu valor educativo para os seus filhos.

A inclusão de actividades no texto do livro poderá dar-lhe uma qualidade distintiva que apelará tanto às crianças como aos seus pais. Um glossário de palavras desconhecidas ou pouco comuns pode garantir que as crianças e os pais compreendem correctamente o material e que os jovens não se interrogam constantemente sobre o significado de uma determinada palavra.

Um livro enorme contendo histórias e actividades foi um presente de Natal comum no passado. Estes Anuais foram sempre populares uma vez que incluíam diferentes actividades para as crianças completarem enquanto lêem as histórias. A adição de questionários, palavras cruzadas, escrita, e exercícios de desenho/coloração melhoram a história para as crianças e os seus pais.

Actualmente, os livros com mais actividades do que as narrativas estão a ganhar quota de mercado. Ainda assim, se combinar o seu talento para contar histórias com actividades apropriadas e divertidas, apelará tanto às crianças como aos seus pais e aumentará a probabilidade de sucesso para a sua escrita.

Com a Internet, é possível produzir e-books com gráficos a cores sem ser limitado pelas despesas de produção. Isto, evidentemente, implica que os seus livros podem ser menos caros do que os vendidos nas lojas.

Este é um processo mais complexo em relação à publicidade e ao marketing do seu livro para gerar vendas. Os comerciantes da Internet concordam, no entanto, que escrever e publicar artigos são um dos melhores métodos para estabelecer credibilidade como autor de livros infantis. Inclua uma caixa de referência no final da peça com um link para o seu website (ou e-mail) onde o livro pode ser adquirido.

Tem uma vantagem sobre os outros porque pode escrever e produzir um artigo que "não seria um grande problema". Assegure-se de que envia o seu post para o respectivo e-zine, boletim informativo, ou categoria em sítios web como este - precisa de visar clientes que tenham filhos, por exemplo. Mães.

Se decidir abordar a sua igreja ou escola, tente estabelecer um programa de afiliação no qual a organização receba uma comissão (cerca de 50%) para promover o seu livro para si, por exemplo, através de um testemunho.

Não se preocupe em oferecer grandes comissões; não tem despesas adicionais depois de ter escrito o seu livro. Este é um método maravilhoso para demonstrar o seu espírito comunitário e melhorar a sua reputação como autor de crianças compassivas. Os pais irão valorizar a sua bondade, enquanto os jovens irão apreciar o seu livro.

CAPÍTULO 14: AUMENTAR A VISIBILIDADE DO SEU LIVRO INFANTIL AUTO-PUBLICADO.

Parabéns! Acabou de lançar o livro dos seus filhos de forma independente! Agora, como é que o divulgam ao público? A promoção do seu livro precisa de muito trabalho e persistência. O sucesso não ocorrerá de um dia para o outro, independentemente de quanto quiser por ele. Abaixo estão algumas abordagens que implementei ou planeei para promover os livros dos meus filhos.

1. Estabelecer um website. Apresente o seu livro! Crie um ficheiro PDF com a pré-visualização do seu livro! A maioria dos compradores vai querer uma pré-visualização antes de comprar, por isso forneça

um. Crie um link através do qual as pessoas possam comprar o seu livro.

2. Crie um blogue e estabeleça uma rede com outros autores.

3. Crie uma página de fãs no Facebook e uma conta no Twitter. Introduzir a sua página de fãs no Facebook aos seus amigos. Siga os indivíduos no Twitter que partilham os seus interesses. A publicidade no Facebook também é possível, mas apenas se tiver finanças suficientes.

4. Receba críticas. Peça a outros autores de livros infantis auto-publicados que revejam o seu livro em troca da revisão do deles. Publique estes testemunhos no seu blogue ou website.

5. Cartões de visita! Vá a Vistaprint.com. Pode submeter os seus modelos ou utilizar os deles. Distribua cartões de visita sempre que possível. Se tiver filhos, traga-os para o parque e distribua-os a outros pais.

6. Se o livro dos seus filhos fizer parte de uma série, ofereça a primeira parcela no eBay. Tive o maior número de vistas e ofertas quando comecei com um preço inicial de $0,01 e envio gratuito. Provavelmente incorrerá numa perda financeira, mas o seu livro será adquirido por um leitor que nunca o tenha lido. Ofereça um desconto nos seus outros livros, se os clientes apreciarem o primeiro. Inclua também o seu cartão de visita!

7. Escreva cartas para as creches e bibliotecas descrevendo o seu livro e a razão pela qual o devem ter. Se possível, ofereça-lhes um desconto especial.

8. Autocolantes ou ímanes para o pára-choques do seu carro! Desenhe-o como achar melhor, e não se esqueça de incluir o seu website!

9. Anexe panfletos com separadores rasgáveis aos quadros de avisos. Muitas mercearias e bibliotecas têm-nas. Experimente também as pizzas! Poderá ter necessidade de perguntar antes de desligar. Certifique-se de que os verifica pelo menos semanalmente. (*Reparar uma aba. Isto irá dar a

impressão de que as pessoas estão interessadas no seu panfleto. Isto já foi experimentado, e funciona! *)

Alguns websites oferecem publicidade barata! Fornecem um serviço de troca de banners, mas também se pode comprar impressões de banners e cliques de websites. Os websites adicionam um código ao seu site, e quando alguém visita o seu site, recebe uma vista de banner noutro website.

Portanto, quando compra cliques, está a pagar para que as pessoas cliquem nos seus banners. Portanto, estas são pessoas reais que clicaram no seu banner, porque isso chamou a sua atenção. Examine a eficácia de uma campanha de baixo custo, implementando-a.

CAPÍTULO 15: TORNAR O LIVRO DOS SEUS FILHOS UM BEST-SELLER.

Parabéns! Publicou um livro para os jovens. Agora, a próxima e mais crucial fase é a Promoção. As crianças são leitores dedicados mas primeiro difíceis de envolver. Esta página enumera websites que promovem a literatura infantil e de jovens adultos.

1. Bookmarket - Esta é uma página que fornece conselhos relacionados com a promoção. O livro 1001 formas de publicitar o seu livro de John Kremer é um recurso valioso para todos os autores. O mercado infantil de escritores e ilustradores da Writer's Digest inclui uma lista de editoras e dicas de escrita.

2. As resenhas são um excelente método para publicitar o seu livro. Assiste consideravelmente o seu livro. Envie pedidos de ofertas, críticas e entrevistas a

todos os blogues e websites, independentemente do seu tamanho.

3. Leia o seu livro numa biblioteca infantil local ou contribua com uma cópia para uma escola. Pode deixar livros onde quer que os jovens os frequentem.

4. Um podcast e um trailer comercializam efectivamente um livro. O remédio para crianças que são demasiado preguiçosas para ler é um podcast.

5. Roteiro - A escrita de guiões é considerada inteiramente distinta da escrita de romances. A maioria dos livros populares são adaptados em filmes e emissões de rádio. No entanto, pode utilizar esta estratégia para publicitar o seu livro.

6. A BBC e outras emissoras aceitam submissões. No entanto, a aceitação é muitas vezes desafiante. Muitos concursos de escrita de guiões estão também abertos a autores amadores. As crianças gostam de ver televisão.

7. Testemunhos de pessoas famosas podem beneficiar o seu livro.

8. Este é um método fantástico para que as crianças saibam que o seu livro foi publicado. Isto é mais eficaz para literatura destinada a um público mais velho. Anuncie a publicação do seu livro numa revista ou jornal para crianças. Isto pode incorrer em custos. Além disso, pode escrever para uma revista para crianças ou conduzir entrevistas para promover o seu livro.

9. Folhetos, cartazes, etc. - Estes precisam de dinheiro para imprimir mas podem ser bem sucedidos, particularmente com crianças.

10. A publicidade em websites que apresentem o conteúdo do seu livro ou conteúdo semelhante ao conteúdo do seu livro aumentará as vendas. A publicidade na televisão é a técnica mais eficaz para atrair a atenção das crianças, mas é cara, e as crianças podem não gostar de ver anúncios de livros.

11. Ser apresentado em catálogos de livros infantis.

Prémios de websites e distinções literárias podem ajudar a aumentar as vendas de livros. Mais uma vez, isto é problemático, uma vez que os prémios literários têm padrões de selecção rigorosos. Muitos bibliotecários gostam de comprar publicações galardoadas. Isto também aumenta a visibilidade do livro.

Muitos jovens desenvolvem o hábito de ler livros da sua colecção da biblioteca. Para crianças com menos de doze anos de idade, a biblioteca escolar é a porta de entrada para o mundo da literatura.

Certifique-se de que os seus livros estão disponíveis em bibliotecas públicas e mesmo em bibliotecas escolares. As crianças têm um poder de compra limitado, mas se apreciarem um dos seus livros gratuitos e decidirem comprar outros, há uma hipótese de o fazerem.

Tipicamente, eu defenderia as redes sociais, mas se as vossas obras se destinam a crianças com menos de doze anos, é inútil. Promovam nos sítios web tanto de professores como de estudantes. Recomende-o para trabalhos de leitura em sala de aula ou semanas de livros. Tentem exercer muita influência sobre as pessoas e escolas da vossa vizinhança.

Como a maioria das crianças que assistem à Internet é filtrada, os sítios Web não são muito úteis para as crianças. Por conseguinte, também não recomendo literatura electrónica às crianças. Os adolescentes são mais receptivos aos e-books e influenciados pela Internet. Além disso, embora o dinheiro seja essencial, não influencia significativamente os romances infantis em relação às publicações para adultos.

CAPÍTULO 16: UTILIZAÇÃO DE CABEÇAS DE BOBBLE FEITAS À MEDIDA PARA PROMOÇÃO.

Alguns indivíduos vendem um produto. Outros constituem o produto. Para obter novas possibilidades, deve empenhar-se na auto-promoção se for um escritor, cantor, político, artista, aos olhos do público, ou por conta própria. Tem um bilhete de identidade. Tem panfletos dispersos. Precisa de uma forma inovadora de chegar a potenciais clientes e constituintes.

Considere números personalizados!

Porquê encomendar cabeças de Bobble personalizadas?

Estas figuras não só colocam o seu nome em frente do público, como também o colocam em frente do público. Uma estatueta trabalhada à mão proporciona um maior reconhecimento do nome do que um lápis ou uma caixa de fósforos para um político que quer manter a acessibilidade. Se for um escritor, artista ou músico a competir com outros aspirantes a escritores, pintores e músicos por atenção, uma estatueta fica com a cabeça e os ombros sobre cartazes e marcadores de página.

As figuras pessoais constroem uma ligação entre si e o seu público. Como a face da figura é tipicamente uma caricatura, ela também proporciona humor, tornando-o mais acessível. Não é o Senador Smith; é o meu agradável e simpático Senador Smith. Não é o guitarrista Crash Jones; é um membro amante divertido de uma banda fantástica.

Uma bobblehead personalizada é também invulgar. Será lembrado quando incluir um no seu kit de imprensa ou o distribuir em eventos. Como as estatuetas são duráveis, os potenciais clientes recordá-lo-ão muito depois de os cartões de visita e calendários da concorrência terem sido descartados.

Como Anunciar Usando um Bobble-Head.

Um bobblehead personalizado é um instrumento adaptável. Acrescente isto ao seu kit de imprensa. Distribua-o em concertos, exibições, comícios, convenções, assinaturas de livros, festivais, e feiras. Utilize-o como recompensa para concursos de blogues e um brinde para excursões online e reais. Inclua-o em cestos de ofertas promocionais, sacos de ofertas, e presentes de apreciação.

Uma estatueta personalizada da sua personagem principal pode atrair crianças à sua mesa durante uma sessão de autógrafos, se tiver sido autor de um romance. Independentemente do seu negócio, nunca hesite em utilizar a sua boneca como um presente para jovens.

Será recordado como indelicado se recusar. Por outro lado, se der um bobblehead a um jovem que o solicite, será visto como um generoso amante de crianças, o que é sempre uma imagem positiva.

Sempre que fizer uma aparição pessoal, seja numa escola, paragem de campanha, leitura, ou chamada de vendas, terá a sua estatueta e pacote informativo prontamente disponíveis. Nunca se sabe quando uma oportunidade promocional se irá apresentar.

Selecção do seu Figurino Personalizado:

- Qual deve ser o aspecto da sua cabeça de bobblehead?

- É uma cópia a papel químico de si mesmo, do seu grupo ou da sua personalidade?

- Que acções deve realizar a tua figura?

- Precisas de um pano de fundo?

- De quanta informação precisas?

Encontre uma empresa de produção que reconheça e promova a sua visão ao seleccionar uma.

Escolha uma empresa que precise do seu consentimento em cada etapa da produção. Assegure-se de que a sua cabeça de bobble personalizada será feita com materiais seguros e duradouros. Considere a experiência de uma empresa, reputação de qualidade, e serviço ao cliente.

Quando é o produto, precisa da publicidade mais eficaz. Inclua uma cabeça de bilha personalizada nos seus materiais promocionais!

CAPÍTULO 17: CONSIDERAÇÕES A FAZER ANTES DA PUBLICAÇÃO DE UM LIVRO ELECTRÓNICO PARA CRIANÇAS.

Eu acreditava que escrever um livro infantil seria simples. Empreguei a minha mente madura. Depois de procurar na Internet sugestões sobre como escrever livros infantis, descobri que simplesmente sentar-me no meu computador era insuficiente.

Primeiro, tive de estabelecer a faixa etária a que desejava apelar. O vocabulário e o interesse das crianças variam entre as idades de cinco e oito, nove e doze, e treze e quinze anos.

Passei um dia na zona infantil da livraria a examinar a língua que cada faixa etária podia compreender, o tipo e quantidade de ilustrações, a duração dos livros, os temas de interesse para cada faixa etária, e como as crianças da secção interagiam com as suas selecções.

Em seguida, tive de decidir em que género queria escrever (aventura, fantasia, ficção científica, experiência pessoal, etc.) e o critério da duração do livro. Existem descrições on-line para cada um destes factores. Procurei em websites livros de fantasia e de ficção científica para ver em que temas outros autores tinham escrito. Quais os romances que foram premiados e porquê?

Também pesquisei as tendências dos estilos gráficos e de imagem utilizados para cada faixa etária em sítios web para livros infantis. Desde que me preparava para ser professor, também utilizei os recursos dos professores para ver quais os livros didácticos utilizados por crianças de várias idades.

Os websites da Amazon, Barnes & Noble, e Borders foram também ferramentas úteis para demonstrar quais os livros mais populares entre as várias faixas etárias. A abordagem impressa era demasiado morosa, cara e intimidante nesta fase, pelo que optei por auto-publicar em linha. Na secção Kindle Book Publishing do sítio web da Amazon, os autores do Kindle em início de carreira encontrarão apoio suficiente.

Para a comercialização do meu livro electrónico, investi em serviços online que o instruem na utilização de blogues, publicidade e tácticas de publicação para atrair compradores para o seu livro. Além disso, aprenderá como fixar o preço do seu livro electrónico, quantas pessoas acederam à descrição do seu livro, e como seguir as classificações promocionais. Pode também criar um website para encorajar as pessoas a comprar o seu livro.

Dependendo de onde pretende vender o seu livro, deverá formatá-lo de acordo com as directrizes. Siga cuidadosamente estas directrizes se desejar que o seu livro seja legível sem esforço. Já vi livros com símbolos estranhos intercalados ao longo do texto. Alguns serviços farão tudo por uma taxa e a opção de o fazer você mesmo. Utilizando um website, desenvolvi uma capa para utilização com a minha descrição da Amazon.

Isto é apenas uma introdução à escrita, publicação e venda de livros electrónicos para crianças. Estou confiante de que poderá encontrar muitos mais recursos em linha que fornecem a informação de que necessita. Permita que a sua imaginação flua livremente, mas tenha sempre em mente o público a que se destina enquanto escreve.

CAPÍTULO 18: DICAS DE MARKETING DE LIVROS QUE O AJUDARÃO A VENDER MAIS EXEMPLARES.

Nunca houve um livro best-seller sem alguma forma de esforço. Mesmo os autores lendários foram submetidos a um processo de contorcerização antes da sua publicação e de um público leitor generalizado. É preciso esforço, perseverança e estratégias de marketing do livro para passar de escritor desconhecido a autor best-seller. Aqui estão cinco destas ideias de marketing para consideração.

1. Aumentar a sua visibilidade na Internet. Se não tiver um website, crie um. Junte-se a uma comunidade de meios de comunicação social, se ainda não estiver envolvido num. Inclua uma página de testemunho no seu website, faça com que os

indivíduos revejam o seu livro na sua página do Facebook, torne-se visível no Twitter, considere hospedar sessões de perguntas e respostas no Google+, e optimize o seu website para motores de busca.

As pessoas aprendem mais sobre novos livros na Internet, amigos, livrarias, ou anúncios publicitários. As plataformas de redes sociais têm aumentado a quantidade de publicidade boca-a-boca, permitindo aos leitores descobrir novos autores. Por conseguinte, expanda a sua presença na Internet.

2. Não deixe que a tecnologia e as tendências o dissuadam de implementar o marketing de livros electrónicos. Muitos autores oferecem agora edições de livros electrónicos das suas obras. A ficção adulta impulsionou as receitas do livro electrónico para $1,27 mil milhões de dólares num par de anos, segundo a BookStats, enquanto as vendas de livros electrónicos para crianças triplicaram no mesmo período de tempo. Com 84 milhões de iPads vendidos globalmente e comprimidos de leitura a aumentar as suas entregas de produtos, não se deve ignorar o

potencial lucrativo do marketing de livros electrónicos.

3. Confie a um especialista a sua estratégia para o livro electrónico. Pode receber muitas submissões do seu livro para websites de marketing de livros electrónicos de topo, campanhas no Twitter, e outros esforços estratégicos, tais como um concurso para uma crítica de fãs, para a despesa mais barata possível para aumentar a exposição do seu livro.

4. Explore o seu livro na web. Promova o seu livro em sítios de blogues associados ao seu género ou mercado específico. Este é um método maravilhoso para atrair pessoas para o seu livro e ajudá-las a divulgar o livro nas suas redes. Quando expande uma comunidade, acaba por acumular um grupo de seguidores.

5. Desenvolva a sua reputação na Internet e torne-se uma autoridade. Isto é particularmente crucial para os autores de livros de auto-ajuda e de "como fazer". Desenvolver vídeos da web. Saiba como se tornar activo no LinkedIn Answers.

6. Nunca perca uma oportunidade de responder a perguntas de fãs sobre o seu livro. Quando obtiver reconhecimento suficiente para as suas credenciais e conhecimentos sobre um determinado assunto, o seu livro (ou livros) será empurrado sem dificuldade.

A comercialização de um livro electrónico ou de um livro para o mercado online pode ter resultados lucrativos. Deve simplesmente fazer um esforço. Seja conhecedor da Web. Confie num especialista para assistência nas suas campanhas. Desenvolva a sua marca, e quem sabe, talvez o livro que completou há muitos anos o ajude a tornar-se um autor best-seller hoje.

CAPÍTULO 19: ERROS DE PROMOÇÃO DE LIVROS A EVITAR.

Há centenas de profissionais por aí a escrever, escrever em blogs, e falar sobre o que os autores devem fazer para vender os seus romances, mas por vezes, os autores também precisam de ouvir sobre o que devem evitar fazer.

Compilei um punhado dos contos mais loucos que já ouvi sobre autores que escrevem ou promovem os seus romances, e embora possam parecer ridículos, asseguro-vos que são todos verdadeiros. Na remota hipótese de poder estar no caminho da autoria louca, aqui estão algumas dicas sobre o que não fazer:

Erros da livraria:

Estas duas histórias foram-me contadas por um amigo gerente de uma livraria:

Decidimos continuar a consignar este livro do autor. Enquanto um livro for vendido, continuaremos a armazená-lo. No entanto, um autor não vendeu nenhum livro, pelo que o informei que não poderíamos continuar a armazenar o seu livro ao fim de seis meses.

Ele informou-me que tinha vendido vinte livros na minha loja. Informei-o de que os oito livros que lhe tínhamos roubado originalmente ainda estavam presentes. Ele disse que tinha estado a renovar a pilha de duas em duas semanas.

Não temos um sistema de inventário informatizado, por isso, quando voltou a encher a pilha, não tínhamos nenhum método de manter um registo dos livros que tinham sido vendidos. Assim, não lhe posso pagar por esses volumes. Em conclusão, antes de deixar novos livros na loja, verifique com o gestor da livraria.

Colocámos os livros de um autor local na secção de livros locais. Quando um dia entrei na loja, todos os seus livros foram expostos ao lado dos best-sellers na mesa da frente. Foram devolvidos à secção do autor local.

Quando o cenário voltou a surgir, sublinhei para a autora que os compradores que procuravam livros locais teriam dificuldade em localizar as suas obras se não estivessem na área local, mas isto não parecia fazer diferença.

Quando voltei ao escritório alguns dias mais tarde, os seus livros estavam de volta à mesa da frente. Depois de os ter deslocado várias vezes, telefonei à autora e informei-a de que não venderíamos mais os seus livros.

Festivais:

Este conto foi partilhado comigo por um escritor que participou numa feira de arte:

Partilhei uma mesa numa feira de arte com outro autor. A sua história tinha sido recentemente adaptada para um audiolivro. Como meio de auto-promoção, ela decidiu trazer auscultadores para que qualquer pessoa pudesse passar por aqui e ouvir o audiolivro. No entanto, ela não parou por aí.

Ela ficou do lado de fora da cabine e apressou-se a passar, colocando auscultadores nas suas cabeças sem permissão e gritando: "Ouçam o meu livro! Ela impediu as pessoas de se aproximarem da cabine para verem o meu livro, e quando viram o que ela estava a fazer a outros visitantes inocentes, começaram a sair do seu caminho para nos evitar.

Entrevistas:

Não consigo contar o número de vezes que ouvi o seguinte dos autores durante as entrevistas. Não faz um entrevistador feliz:

"Porque é que a sua personagem Mary decide fazê-lo? No seu romance"?

Para descobrir, terá de ler o livro.

"Contudo, pode dizer-nos por que razão escolheu que Maria o fizesse?"

"Não, receio revelar demasiadas informações. Para descobrir, terá de ler o livro".

Se um autor não me puder falar do seu livro, não estarei interessado em lê-lo.

Introduções aos livros:

Um autor escreveu o seguinte no parágrafo inicial da sua introdução:

Ocorreu-me que os cenários do meu romance e o mundo de fantasia que construí seriam primeiro desconcertantes e difíceis de seguir para os leitores, por isso decidi escrever esta introdução para explicar tudo para que possam seguir o enredo.

Dizer a um leitor que o seu livro é confuso não o ajudará a vender mais exemplares; se o seu livro é confuso, deve continuar a revê-lo em vez de o publicar.

Livros para crianças:

Apesar da sua incredulidade, alguns autores não sabem o que é próprio de um livro infantil. Ouvi falar de um autor cujos protagonistas animais investigaram um homicídio. Pior, a vítima de homicídio era uma mulher, e o seu marido e o seu amante eram os principais suspeitos. Espero que homicídio e adultério sejam tópicos impróprios para os jovens.

Sítios Web:

Poderia enumerar outros erros que os autores cometem nos seus sítios web, mas este autor tem de ganhar o prémio para a história mais estranha de sempre. Esta é uma ligeira paráfrase de uma publicação que vi no website de um autor, mas representa o que ouvi sobre mais do que um autor (daí os espaços em branco):

Se quiserem comprar o meu livro, não o posso enviar porque _____ [os correios, o Governo dos

EUA, a Liga do Mal, os alienígenas que governam secretamente o nosso planeta, etc.] rouba os livros que enviei de propósito para que as pessoas não aprendam a verdade sobre _____ [Pé Grande, Rei Artur, o Triângulo das Bermudas, Jesus, etc.]. Por isso, converti-o num livro electrónico descarregável no meu sítio web.

Possivelmente, como autor, os seus livros não estão a ser vendidos como gostaria, e está a perguntar-se o que está a fazer mal. No entanto, depois de ler estas anedotas, estou confiante que poderá felicitar-se pelo facto de estar a fazer pelo menos algumas coisas correctamente.

CAPÍTULO 20: PROMOVER O SEU LIVRO NO SEU BAIRRO.

O marketing online é uma forma fantástica de vender o seu livro a uma audiência global, mas os escritores ignoram frequentemente as alternativas locais de marketing de livros. Pode destacar-se como um peixe maior num lago mais pequeno no seu bairro e região local. Aqui estão cinco estratégias para promover o seu livro localmente:

1. Traga sempre consigo a leitura e os livros. Mantenha uma caixa de livros, alguns folhetos na mala do seu veículo, e cartões de visita na sua carteira. Nunca sabe quando irá encontrar um potencial cliente ou contacto de marketing.

2. Considere oportunidades em toda a sua região. Vai fazer uma viagem de fim-de-semana ou para ver a sua avó? Faça uma pesquisa preliminar

para encontrar livrarias, empresas e bibliotecas na área que poderá visitar ou organizar a sua visita ao livro, ficando com a família e amigos ao longo do percurso.

3. Promover-se junto de retalhistas e bibliotecas como autor local. Muitas livrarias e bibliotecas fornecem uma secção que destaca as obras de autores locais ou regionais.

4. Considere varejistas alternativos que se adaptem bem. Considere que tipos de lojas são relevantes para o tema do seu livro e anuncie-o como a obra de um autor local.

5. Coloque autocolantes de "autor local" nos livros que vende na sua comunidade.

6. Fale em bibliotecas. Contacte as bibliotecas para apresentar sobre o tema do seu livro. Isto é particularmente útil para livros infantis e títulos de não-ficção com grande apelo (tais como viagens, negócios, ou fitness). Muitas bibliotecas permitir-lhe-

ão vender os seus livros durante a sua palestra e outras têm fundos para a compensação de oradores.

7. Encontre mais oportunidades para falar. Falar é uma forma fantástica de publicitar o seu livro; assim que ganhar experiência, poderá até ser pago para falar. Muitas organizações, incluindo organizações empresariais e cívicas, grupos eclesiásticos, escolas e universidades, associações comerciais, e outras, procuram apresentadores cativantes para os seus encontros.

8. Procure publicidade através dos meios de comunicação regionais e locais. Envie um comunicado de imprensa anunciando o seu novo livro aos órgãos de comunicação social da sua cidade natal e residência actual. A abordagem "rapariga local faz bem" é particularmente eficaz em comunidades mais pequenas.

9. Crie comunicados de imprensa com base em laços regionais, tais como um conjunto de romances na área e acontecimentos actuais. Não se esqueça de incluir o seu boletim informativo de ex-alunos e

qualquer organização cívica ou profissional a que pertença. Os autores de não-ficção devem considerar programas de discussão na rádio e televisão.

10. Participar em feiras do livro e festivais. Normalmente, funcionam melhor se o seu livro se relacionar com o tema do evento ou tiver um amplo apelo.

11. Promover a literatura infantil através de escolas e organizações juvenis. As visitas às escolas são um método fantástico para chegar às crianças.

CONCLUSÃO.

Criar e promover qualquer livro, particularmente um livro infantil, é um desafio. Mesmo que a publicação tradicional seja difícil, a auto-publicação pode levar ao sucesso. Antes de assumir que escrever um livro infantil é o melhor curso de acção, é necessário estudar o mercado actual.

Existe uma selecção infinita de livros para crianças. Em contraste com os livros convencionais para adultos, as lojas de dólares e as lojas de pechinchas transportam uma vasta gama de livros infantis. Apesar do seu desejo de que os seus filhos recebam uma educação, muitos pais preferem gastar uma quantidade limitada de dinheiro em livros.

Como indicado anteriormente, a competição pelos livros infantis é severa. Muitas vezes, um autor conhecido ou uma história envolvente, particularmente para jovens leitores ou adultos, impulsiona a venda de um livro infantil de 15 dólares. Consequentemente, muitas editoras são cautelosas.

Devido a isto, muitas grandes editoras optam por continuar a trabalhar com os mesmos autores ou por utilizar apenas agentes. No entanto, não deixe que isto o faça cair em desgraça. Muitas editoras estão preparadas para assumir riscos sobre novos autores, e você pode ser um deles.

Muitos aspirantes a autores que querem ser publicados preferem escrever livros infantis porque acreditam ter uma maior possibilidade de gerar mais dinheiro. Apesar da possibilidade de variação, os autores de romances mais longos e outros livros são muitas vezes mais compensados. Então, será isto um facto?

É possível escrever um livro infantil mais rapidamente; portanto, pode ser possível escrever mais, mas é crucial salientar que a mesma quantidade de tempo e consideração deve ser dedicada a cada livro. Além disso, enquanto escreve para crianças, pode ser possível produzir mais livros, mas estes devem ser publicados antes de se poder ganhar com eles.

Se escolher publicar uma história para crianças, é crucial não se restringir. Quando muitas pessoas pensam em literatura infantil, os livros ilustrados e os livros de tabuleiro geralmente vêm-me imediatamente à mente.

Para além das publicações para jovens, existem livros para leitores principiantes, tais como livros de curta metragem CAPÍTULO. Lembre-se disto quando tentar escrever o seu primeiro livro infantil, como pode gostar de experimentar.

Como mencionado anteriormente, escrever e publicar um livro para crianças não é necessariamente mais simples, mas isso não significa que seja impossível. Em vez de se concentrar em como seria simples publicar um livro ou em quanto dinheiro se poderia prever ganhar, é encorajado a escrever sobre o que sabe ou aprecia. Quando se é apaixonado pelas palavras que se escreve e pelo conto que se constrói, as hipóteses de sucesso são muito maiores.

Com o advento da impressão a pedido de software e aplicações, a produção e publicação de um livro é agora mais fácil. Escrever um livro infantil não é tão simples como pode acreditar, e conseguir que um seja publicado através dos canais tradicionais é uma das tarefas mais difíceis na indústria editorial.

Habilidades de Gestão para Gestores.

1. Gestão do Tempo para Gestores
2. Coaching de Gestores para Empregados
3. Formação de Equipas para Gestores
4. Autoconfiança para os Gestores
5. Habilidades de Negociação para Gestores
6. Habilidades de Serviço ao Cliente para Gestores
7. Assertividade para os Gestores
8. Etiqueta Empresarial para Gestores
9. Habilidades de Audição para Gestores
10. Habilidades de Liderança para Gestores
11. Habilidades de Comunicação para Gestores
12. Habilidades de Apresentação para Gestores
13. Gestão de Stress para Gestores
14. Tomada de decisões para os Gestores
15. Gestão de Conflitos para Gestores.

Série: Liberdade financeira em qualquer idade.

- ➢ Alcançar a liberdade financeira na casa dos 20
- ➢ Alcançar a liberdade financeira na casa dos 30
- ➢ Alcançar a liberdade financeira na casa dos 40
- ➢ Alcançar a liberdade financeira na casa dos 50
- ➢ Alcançar a liberdade financeira na década de 60
- ➢ Alcançar a Liberdade Financeira na década de 70 e mais além.
- ➢ Alcançar a Liberdade Financeira nas crianças
- ➢ Alcançar a liberdade financeira nos adolescentes
- ➢ Alcançar a Liberdade Financeira nos estudantes universitários.

- Esquemas financeiros a ter em conta na reforma.

Série: Finanças pessoais para si.
- Compra e Venda de Cripto para Principiantes
- Porque Investir em Acções de Dividendos Faz Sentido.

Série: Riqueza 2022.

- Empreendedorismo Online.
- Iniciar o seu próprio negócio
- Gestão da Riqueza
- Rendimento Passivo.
- 12 Passos para iniciar o seu próprio negócio.

Série: Excelente Serviço ao Cliente.
- Excelente serviço ao cliente no retalho
- Excelente Serviço ao Cliente em Fast Food
- Excelente serviço ao cliente no Restaurante Full-Service
- Excelente Serviço ao Cliente no Ensino.
- Excelente Serviço de Apoio ao Cliente em Imobiliário
- Excelente serviço ao cliente num Call Center

- ➢ Excelente Serviço de Atendimento ao Cliente como Recepcionista
- ➢ Excelente Serviço de Atendimento ao Cliente num Hotel
- ➢ Excelente Serviço ao Cliente na Venda
- ➢ Excelente serviço ao cliente Não importa a situação.
- ➢ Excelente Serviço ao Cliente no Consultório Dentário
- ➢ Excelente Serviço ao Cliente no Consultório Médico.

Série: Dinheiro rápido.

- ➢ Dinheiro rápido numa semana
- ➢ Dinheiro rápido num fim-de-semana
- ➢ Dinheiro rápido num mês
- ➢ Dinheiro rápido para estudantes.

Série: Como Promover.

- ➢ Como fazer o seu negócio prosperar durante uma recessão
- ➢ Como promover o seu livro de receitas
- ➢ Como promover o seu livro infantil.

Autor Bio

D.K. Hawkins. D.K. gosta de ler livros pessoais de negócios, bem como de passar tempo ao ar livre. Mais livros virão nesta colecção, por isso, por favor siga na Amazon para mais livros.

Obrigado pela sua compra deste livro.

Sinceramente, aprecio-o e aprecio-o a si, meu excelente cliente.

Deus vos abençoe.

D.K. Hawkins.

www.ingramcontent.com/pod-product-compliance
Lightning Source LLC
Chambersburg PA
CBHW050011230526
45465CB00003BB/1368